STÄDTE IN DEUTSCHLAND

JÜTERBOG

JÜTERBOG

FOTOS BARBARA SCHNEIDER

TEXT NORBERT JANNEK

NICOLAI

Satz: Nagel Fototype, Berlin
Lithos: O.R.T. Kirchner GmbH, Berlin
Druck und Bindung: Bosch-Druck, Landshut/Ergolding

Historische Abbildungen: Heimatmuseum Jüterbog
Titelbild: Detail des Dammtores

Printed in Germany
ISBN 3-87584-453-X

JÜTERBOG

Seitdem sich die Berliner einerseits wieder frei in ihrem Umland bewegen und andererseits unbevormundet mit ihrer Geschichte beschäftigen können, erlebt das nur knapp siebzig Kilometer südlich vom Zentrum der Hauptstadt gelegene Jüterbog einen bis dahin nicht gekannten Besucherstrom. In der Tat ist so mancher überrascht, in der etwa zwölftausend Einwohner zählenden Stadt auf Schritt und Tritt Bauzeugen einer bewegten Geschichte zu begegnen, die von der einstigen Bedeutung dieses urmärkischen Ortes künden.

Die Gegend um Jüterbog ist ältestes besiedeltes Gebiet der Mark Brandenburg. Als anderenorts unsere Vorfahren noch als Jäger und Sammler durch Wald und Flur streiften, wurden um 4100 v. Chr. sozusagen die ersten märkischen Bauern in der Nuthe-Niederung seßhaft. Sie hinterließen handgetöpferte Vorratsgefäße, die der sogenannten Linienband-Keramik zuzurechnen sind und noch vor der Erfindung der Töpferscheibe entstanden. In der Bronzezeit siedelten hier Träger der Lausitzer Kultur, worauf zahlreiche Funde hinweisen, während aus der Eisenzeit und der römischen Kaiserzeit nur wenige Gerätschaften der hier lebenden Germanen überliefert sind. Nachdem diese im Zuge der Völkerwanderung die Gegend verlassen hatten, ließen sich im 6. und 7. Jahrhundert durchziehende slawische Stämme hier nieder. Jetzt entsteht auf dem Gelände des heutigen Schloßparkes ein slawischer Burgwall über bronzezeitlichen Resten inmitten sumpfigen Umlandes. Slawen siedeln nun vor allem am Nuthelauf, der die heutige Altstadt tangiert.

Die erste urkundliche Erwähnung verdankt Jüterbog einer militärischen Begebenheit – es sollte auch nicht die letzte bleiben. Als der Polenkönig Boleslaw Chrobry im Jahre 1007 einen Feldzug gegen Magdeburg unternimmt, wird er geschlagen und vom Magdeburger Erzbischof Tagino bis Jüterbog verfolgt. Thietmar von Merseburg berichtet als Augenzeuge später in seiner Sachsenchronik: »Ich bin hier mit ihm (Tagino) zusammen gewesen, und als wir alle an einen Ort, der Jutriboc genannt wurde, gekommen waren, schien es den Klügsten nicht ratsam, den Feinden mit einer so kleinen Schar auf dem Fuße zu folgen und wir kehrten um.« Ins Licht der überlieferten Geschichte tritt Jüterbog jedoch erst genau hundertfünfzig Jahre später, als der Magdeburger Erzbischof Wichmann von Seeburg diesen Landstrich von Albrecht dem Bären als Gegenleistung für seine Waffenhilfe bei der Belagerung und Eroberung der Festung Brennabor (Brandenburg) zugesprochen bekommt. Noch im gleichen Jahr, 1157, besetzt Wichmann das Gebiet und läßt auf dem bereits erwähnten slawischen Burgwall einen deutschen Burgward anlegen, der 1161 erstmals erwähnt wird und von dem Reste bis heute überkommen sind. Demzufolge bestand dieses Bollwerk lediglich aus einem einfachen Erdwall mit hölzernen Palisaden.

Um das Land Jüterbog, eine nunmehr stiftsmagdeburgische Exklave zwischen Askaniern im Norden und Wettinern im Süden, zu besiedeln, rief Wichmann flämische Kolonisten hierher, die der Landschaft schließlich den Namen Fläming gaben. Gleichzeitig beauftragte der Erzbischof Zisterzienser mit der Urbarmachung. So gründete ein Konvent von dreizehn Mönchen aus Altenberg bei Köln im Jahre 1170 das wenige Kilometer nördlich von Jüterbog gelegene Kloster Zinna, damit die älteste Niederlassung dieses Ordens in der Mark Brandenburg. Für die Burgmannen ließ Wichmann östlich der Burg auf einer Anhöhe, dem Damm, eine eigene Kirche errichten, die er unter das Patronat der Gottesmutter Maria stellte und außerdem zur Hauptkirche aller auch später noch zu bauenden Gotteshäuser bestimmte. Den Gottesdienst versahen zunächst Prämonstratensermönche aus dem Kloster Gottesgnade bei Calbe. Nach Konsolidierung der weltlichen Macht, dem Ausbau der Burg mit einer Siedlung sowie der Vollendung der Kirche verlieh Erzbischof Wichmann während deren

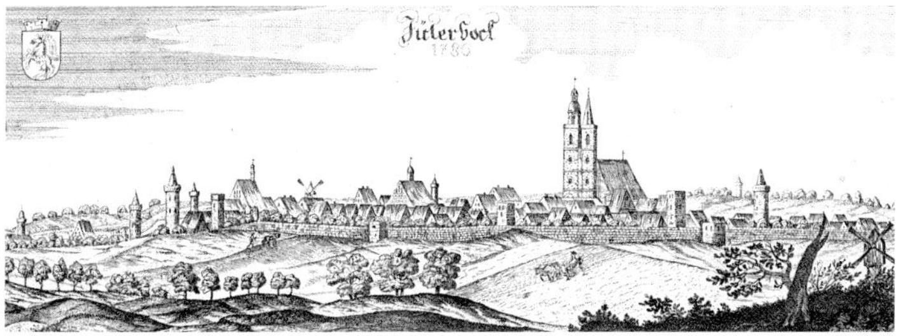

Älteste bekannte Stadtansicht Jüterbogs, 1786

feierlicher Weihe am 29. April 1174 dem neuen Gemeinwesen das Magdeburger Stadtrecht.

Die deutschen Siedlungsbemühungen erlitten jedoch bald einen schweren Rückschlag. Als Heinrich der Löwe, Herzog zu Sachsen und Bayern, im Jahre 1179 Halberstadt verwüstete, unternahmen die Slawen einen Aufstand. Am 6. November wurde Jüterbog völlig zerstört, viele Einwohner fanden den Tod, noch mehr wurden verschleppt. Dem gerade erst gegründeten Kloster Zinna erging es ähnlich, der erste Abt wurde erschlagen. Trotzdem baute man die junge Stadt, die als Neustadt seit 1174 östlich der Liebfrauenkirche entstanden war, rasch wieder auf. Bereits 1183 konnte die Kirche erneut geweiht werden. Auf eine Münze, die 1192 erbaut worden sein soll, weisen Jüterboger Brakteaten aus dieser Zeit hin. Nach dem Slaweneinfall bemüht sich die Stadt nun um Wehrhaftigkeit. Um 1200 wird eine Befestigung aus Holzpalisaden angelegt. Die drei Stadttore – das Damm- oder Frauentor im Westen, das Neumarkter Tor im Osten und das Zinnaer Tor im Norden – erhalten steinerne Bastionen mit Fachwerkaufsatz. Reste dieser romanischen Rundtürme sind in den unteren Teilen des Zinnaer und des Neumarkter Tores bis in unsere Tage überkommen und damit die ältesten Zeugnisse ihrer Art in der Mark. Im Jahre 1226 läßt Erzbischof Albert die Burg als Steinbau erneuern und die Liebfrauenkirche durch den Anbau eines Querschiffes vergrößern.

Durch die günstige Lage am Kreuzungspunkt verschiedener wichtiger Handelsstraßen blühte die Stadt rasch auf. Fremde Händler mußten bei der Durchreise ihre Waren anbieten. Haupterzeugnisse Jüterbogs waren Tuche verschiedenster Art sowie Bier, bei welchem die städtischen Brauer ein Handelsmonopol für die gesamte Umgebung besaßen. Im Jahre 1282 wird erstmals ein Rat als Organ partieller Selbstverwaltung erwähnt. Drei Jahre später erlaubt Erzbischof Erich den Bau eines Kaufhauses am Markt und schenkt das Grundstück dafür der Stadt. Es ist der Vorgänger des Rathauses, das ab 1300 in mehreren Etappen errichtet wird. Straßen werden gepflastert und Gasthöfe eingerichtet. Um 1300 ist die Gemeinde reich genug, die hölzerne Stadtbefestigung durch eine Feldsteinmauer von etwa sieben bis acht Metern Höhe zu ersetzen. Es entstehen Tore, die beidseitig mit Türmen verstärkt sind. Das Selbstbewußtsein der Bürger führt dazu, daß man die Westseite, die zur Burg weist, besonders befestigt. 1307 wird die Stadtpfarrkirche St. Nikolai erstmals erwähnt. Sie erlebt bis in das 16. Jahrhundert einen ständigen Um- und Ausbau. Ergebnis ist eine beeindruckende Hallenkirche mit Hallenumgangschor und monumentalem doppeltürmigem Westbau. Bereits im Jahre 1282 war nördlich der Liebfrauenkirche ein Zisterzienserinnen-Kloster errichtet worden, dessen Propst nun die geistliche Oberhoheit erhielt, die zuvor die Prämonstratenser innegehabt hatten. Schließlich entsteht 1331 das Hospital Zum Heiligen Geist als Armenhaus der Stadt, dem 1350 das Gertrauden-Hospital als Wanderherberge und Siechenhaus vor dem Zinnaer Tor folgt; beide sind allerdings nicht erhalten geblieben.

Der Aufstieg Jüterbogs zum bedeutendsten Handelszentrum der Mittelmark, das sich um die Mitte des 15. Jahrhunderts mit

Ansicht der Stadt von den Fuchsbergen aus, um 1850

allen wichtigen Städten des Umlandes wie Wittenberg, Berlin, Cölln, Spandau und Frankfurt (Oder) durchaus messen konnte, wurde im Jahre 1478 jäh unterbrochen. Am 11. November, dem Martinstag, wird der größte Teil der Stadt durch einen verheerenden Brand in Schutt und Asche gelegt. Fast sämtliche Wohnhäuser, aus Fachwerk und Strohdach bestehend, brennen ab, das Rathaus, die im Bau befindliche Nikolaikirche und die Stadtbefestigung stehen in einem Flammenmeer. Dank der besonderen Förderung durch Erzbischof Ernst von Magdeburg, der die Sonderstellung seiner Jüterboger Exklave unter allen Umständen gewahrt wissen wollte, wurde die Stadt jedoch in der kurzen Zeitspanne von nur etwa fünfzig Jahren wieder völlig aufgebaut. Die Wohnhäuser mußten auf Weisung des Landesherrn jetzt mit Ziegeldächern versehen werden, entstanden aber ansonsten auf den alten gewölbten Braukellern wieder in Fachwerk. Die Nikolaikirche wurde mit dem Umgangschor und verschiedenen Aufstockungen bereichert. Das Rathaus erhielt einen Anbau mit dem noch heute als solches genutzten Bürgermeisterzimmer sowie seine drei charakteristischen Ziergiebel. Anläßlich der Fertigstellung schenkte Erzbischof Ernst der Stadt ein Standbild des heiligen Mauritius, des Schutzpatrons des Erzbistums Magdeburg, das an der Nordostecke des Rathauses auf einer Wappenkonsole des Landesherrn seinen Platz fand. Im Jahre 1480 ließen sich im Norden der Stadt Franziskaner nieder und errichteten ein eigenes Kloster. Die Stadtbefestigung erfuhr einen imposanten Ausbau, wobei die Mauer mit Backsteinziegeln erhöht und die drei Tore zu mächtigen Doppeltoranlagen erweitert wurden. Die Feldseiten von Neumarkter- und Dammtor zeigen nun in erster Linie Reichtum, nicht Wehrhaftigkeit. Schließlich entsteht sogar, bedingt durch den Zuzug von Handwerkern, die Zinnaer Vorstadt.

Die Franziskaner, deren Kloster gerade vollendet war, konnten sich dessen jedoch nicht lange erfreuen, da sich die Vorboten der Reformation ankündigten. Der notorisch in Geldnöten steckende Erzbischof Albrecht von Magdeburg erreichte 1514 von Papst Leo X. die Bewilligung eines Ablasses für die Dauer von acht Jahren. Dieser galt in den Erzbistümern Magdeburg und Mainz, wo Albrecht in Personalunion herrschte, sowie in der Mark Brandenburg, aus dessen Fürstenhaus er stammte. Im Jahre 1517 zog der Dominikanermönch Johann Tetzel mit seinem Ablaßhandel in Jüterbog ein, wo er von der Stadtverwaltung mit großen Ehren empfangen wurde. Er predigte in der Nikolaikirche und hatte großen Zulauf. Mit dem Spruch: »Sobald das Geld im Kasten klingt, die Seele in den Himmel springt«, erwirtschaftete er in kurzer Zeit große Geldmengen. Sogar aus Wittenberg kamen die Leute hierher, da im Sächsischen der Ablaßhandel verboten war. So konnte es nicht ausbleiben, daß dortige Studenten ihrem Magister Martin Luther die gekauften Ablaßbriefe vorwiesen. Nach vergeblichen Beschwerden bei Erzbischof Albrecht und dem Brandenburger

Der Markt mit dem Rathaus, um 1910

Bischof Hieronymus veröffentlichte Luther am 31. Oktober 1517 seine 95 Thesen gegen diesen »teuflischen Unfug«. Tetzel erklärte ihn daraufhin zum Ketzer, ließ auf dem Jüterboger Marktplatz einen Scheiterhaufen errichten und Luthers Lehrsätze unter großer Volksbeteiligung verbrennen. Außerdem gab er seinerseits 106 Thesen gegen Luther heraus, die, als sie nach Wittenberg gelangten, dort ebenfalls öffentlich verbrannt wurden. Da sein Geschäft aber doch sehr geschmälert wurde, zog er schließlich in aller Stille im November 1517 aus der Stadt. Daß ein Ritter namens Hake von Stülpe ihn dabei überfiel und beraubte, gehört allerdings in das Reich der Legende. An den Ablaßprediger Johann Tetzel erinnern in Jüterbog die sogenannte Tetzelkapelle in der Schulstraße – ein kleines spätgotisches Wohngebäude, das er für seine Hausandachten nutzte und das heute in die katholische Pfarrkirche einbezogen ist – sowie der berühmt-berüchtigte Tetzelkasten, eine mächtige Einbaumtruhe, in der er seine Einnahmen verwahrt haben soll.

Die kommenden Jahre wurden in Jüterbog vom Kampf der ersten Protestanten gegen die Katholiken bestimmt. Luther sandte als ersten protestantischen Prediger den Magister Franz Günther aus Nordhausen, der hier von 1519 bis 1520 wirkte. Die Franziskaner klagten beim Brandenburger Bischof dagegen. Als dieser zeitweilig Predigtverbot erhielt, vertrat ihn ein Magister Thomas, kein geringerer als Thomas Müntzer selbst. 1522 trafen sich Erzbischof Albrecht von Magdeburg, Kurfürst Joachim von Brandenburg und Herzog Georg von Sachsen in Jüterbog, um über die »Ausrottung der Ketzerei« zu beraten. Die Bürgerschaft trat jedoch nach und nach auf die protestantische Seite über. Schließlich erhielt Jüterbog im Jahre 1540 gegen eine stattliche Summe Geldes von Erzbischof Albrecht die Religionsfreiheit zugebilligt. 1548 weilte Philipp Melanchthon zu einem Religionsgespräch in der Stadt. Die kirchlichen Verhältnisse ordneten sich jedoch erst, als 1562/63 im gesamten Magdeburger Land eine Kirchenvisitation stattfand.

Die Wirtschaft war von alldem wenig betroffen, die Stadt blühte wie nie zuvor. Ihr Reichtum wurde nicht zuletzt durch die zahlreichen Kongresse, Fürstenzusammenkünfte und Kreistage vermehrt. Von 1549 bis 1683 fanden hier 14 von insgesamt 67 obersächsischen Kreistagen statt. Das größte Ereignis jener Zeit war zweifellos der Fürstentag von 1611, der sich sieben Wochen lang mit der Erbfolge von Jülich-Kleve befaßte und an dem 24 deutsche Landesfürsten samt ihrem Gefolge teilnahmen. Die letzten beiden Glanzpunkte Jüterbogs in der Magdeburger Zeit waren eine Beratung der Kurfürsten Johann Georg von Sachsen und Georg Wilhelm von Brandenburg mit Landgraf Moritz von Hessen am 23. April 1623 und der letzte niedersächsische Kreistag im August 1624.

Im folgenden Jahr erreichte der Dreißigjährige Krieg auch Jüterbog, als kaiserliche Truppen unter Albrecht von Wallenstein das Erzbistum Magdeburg besetzten und in der Stadt ein Blutbad

Vorstadt Damm mit Dammtor, um 1900

anrichteten. Die Gasse »Rothes Meer« leitet von diesem Ereignis ihren Namen ab. Im Zusammenhang mit der Einquartierung erhielten Jüterbog und das benachbarte Dahme zwar Schutzbriefe, mußten aber wöchentlich je achtzig Reichstaler zahlen. Die Lage besserte sich kurzzeitig, als König Gustav Adolf von Schweden das Erzstift Magdeburg und damit auch Jüterbog annektierte. Als jedoch Kursachsen die protestantische Seite verließ und dafür Magdeburg zugesprochen bekam, mußten die Jüterboger gleichzeitig an Sachsen und Schweden Kontributionen zahlen. Zu allem Unglück wurde die Stadt 1637 durch die Pest und zwei Jahre später von einer Hungersnot heimgesucht. Ein letzter trauriger Höhepunkt war die Reiterschlacht auf der Birkheide im Spätherbst des Jahres 1644, als der schwedische General Torstensson die kaiserlichen Truppen unter General Gallas vernichtend schlug und anschließend plündernd in Jüterbog einfiel. Die letzten Kriegsjahre verbrachte die Stadt in Agonie. Hatte sie im Jahre 1620 noch etwa viertausend Einwohner in 613 Häusern beherbergt, so zählte man im Jahre 1646 nur noch dreihundert Einwohner in 120 Häusern. Erst zwei Jahre nach Kriegsende feierte man am 21. Juli 1650 in Jüterbog das Friedensfest.

Die politischen Verhältnisse blieben auch nach dem Krieg noch verworren. Seit 1635 gehörte das Amt Jüterbog zu Kursachsen. Mit dem Tod von Kurfürst Johann Georg im Jahre 1656 erbte dessen Sohn Augustus, der gleichzeitig Administrator des Erzstiftes Magdeburg war, die Ämter Burg, Querfurt, Jüterbog und Dahme sowie die Herrschaft Weißenfels. Aus diesen Besitzungen bildete er 1663 das Fürstentum Querfurt. Als Augustus 1680 starb, fielen das Erzstift Magdeburg und das Amt Zinna an das Kurfürstentum Brandenburg, die vier genannten Ämter sowie Weißenfels jedoch an seinen Sohn Johann Adolf I., der damit das Herzogtum Sachsen-Weißenfels begründete. Ihm folgten nacheinander seine drei Söhne. Die Linie erlosch, als der letzte von ihnen, Johann Adolf II., im Jahre 1746 kinderlos starb. Das Gebiet wurde nun wiederum Kursachsen zugeschlagen, dessen Kurfürst Friedrich August II. (als König von Polen August III.) neuer Landesherr wurde.

Seit der Grenzziehung von 1680 zwischen Sachsen und Preußen war Jüterbog von einem Großteil seines angestammten Absatzgebietes abgeschnitten und mußte schwer um seine Existenz ringen. Als 1687 die Akzise eingeführt wurde, bedingte dies eine Verteuerung der gesamten Lebenshaltungskosten. Die neuen sächsischen Landesherren kümmerten sich nicht viel um Jüterbog. Die Stadt lag abseits der Hofhaltungen und wurde auch als Grenzstadt nicht für wichtig erachtet. Dies änderte sich, als Friedrich II., König von Preußen, am 29. August 1756 mit Heeresmacht in Jüterbog einmarschierte und damit den Siebenjährigen Krieg begann. Wieder mußten die Bürger für Fourage und Quartier aufkommen. Am 22. März 1763 feierte man zwar endlich das Friedensfest, aber noch Monate danach marschierten preußische Truppen auf dem Heimweg durch die Stadt. Erst im folgenden Jahr

Luftaufnahme der Altstadt, 1930

richtete man in Jüterbog eine sächsische Garnison ein, die bis 1810 bestand. Sie konnte zur Förderung der Wirtschaft nicht beitragen, denn gleichzeitig gründete Friedrich II. die Weberkolonie Stadt Zinna und förderte die Manufakturen in Luckenwalde großzügig, so daß Jüterbog weiter verarmte. Im bayrischen Erbfolgekrieg von 1778/79 fochten Sachsen und Preußen zwar gemeinsam gegen den Kaiser, aber die Stadt mußte auch hier wiederum preußische Einquartierungen ertragen. Schließlich zog die Jüterboger Garnison 1792 mit in den Krieg gegen Frankreich und die dortige Revolution.

Die Napoleonischen Kriege begannen für Jüterbog mit preußischen Durchmärschen im September 1806. Nach der verlorenen Schlacht von Jena und Auerstedt fielen die französischen Truppen des Marschalls Davout plündernd in die Gegend ein. Im gleichen Jahr kam das Regiment von Low, das sich auch an den

Feldzügen nach Österreich 1809 und Rußland 1812 beteiligte, als neue sächsische Garnison in die Stadt. Noch im Februar 1813 marschierte ein französisches Korps, aus Italien kommend, Richtung Rußland durch Jüterbog, gelangte aber nur bis Frankfurt an der Oder, da bereits seit Januar die kläglichen Reste von Napoleons »Großer Armee« aus Rußland zurückkehrten. Napoleons Niederlage vor Moskau bildet das Fanal zum nationalen Widerstand gegen die französische Fremdherrschaft. Im März erklärt Friedrich Wilhelm III. von Preußen Frankreich den Krieg. Wiederum marschieren fremde Truppen durch die Stadt. Am 27. August gelingt es den bei Großbeeren bereits geschlagenen Franzosen sogar, Jüterbog zu besetzen. Zwei Tage später jedoch ziehen die Russen kampflos ein und setzen den fliehenden Franzosen nach Wittenberg hinterher. Diese stoßen am 5. September vor, um von Osten her Berlin zu erobern. Bei Zahna trifft Marschall Ney, der beste französische Heerführer, auf das preußische Tauentzien-Corps und treibt es nach Jüterbog zurück. Am nächsten Tag findet vor den Toren der Stadt, bei Dennewitz, die entscheidende Schlacht statt. Gegen den Befehl des preußischen Königs greifen die Generäle Bülow und Tauentzien mit nur vierzigtausend Mann sowie mit schwedischer und russischer Artillerie unter dem Befehl Bernadottes die mit siebzigtausend Mann zahlenmäßig weit überlegene französische Armee an, die aus Franzosen, Italienern, Polen, Sachsen, Bayern, Württembergern und anderen Rheinbund-Truppen besteht. Nach stundenlangem Gemetzel Mann gegen Mann endet die Schlacht mit dem Sieg Preußens und seiner Verbündeten. Ein 1817 nach einem Entwurf Karl Friedrich Schinkels geschaffenes Denkmal auf der Anhöhe zwischen Dennewitz und Niedergörsdorf erinnert noch heute an die Gefallenen, die dem endgültigen Sieg über Napoleon in der Leipziger Völkerschlacht den Weg bereiteten.

Der Wiener Kongreß sprach 1815 die nördliche Hälfte Sachsens und damit auch Jüterbog Preußen als Kriegsentschädigung zu. Aus den ehemals sächsischen Gebieten Jüterbog und Baruth sowie dem preußischen Kreis Luckenwalde, dem Ländchen Bärwalde und weiteren kleinen Besitzungen wurde 1816 der neue preußische Landkreis Jüterbog-Luckenwalde mit Sitz in Jüterbog gebildet. Nach einem entsprechenden Umbau zog das Land- und Kreisgericht in das Rathaus ein. Man trug die Wälle um die Stadt ab und planierte die Gräben. Von besonderer wirtschaftlicher Bedeutung war der Bau der Berlin-Anhalter Eisenbahn, die Jüterbog seit 1841 mit Berlin verband. Nachdem von 1832 bis 1850 die »1. reitende Compagnie der 3. Artillerie-Brigade« in der Stadt einquartiert war, wurde Jüterbog seit 1860 für über hundertdreißig Jahre noch einmal Garnison. Der Fiskus kaufte große Gebiete nordwestlich der Stadt, wo ab 1864 ein großer Truppenübungsplatz entstand. Als 1890 die Feld- und Fußartillerie-Schießschule von Berlin hierher verlegt wurde, entstand der neue Stadtteil Jüterbog II. Das Gewerbe der Stadt stellte sich rasch auf die neuen Erwerbsmöglichkeiten ein, und die Wirtschaft prosperierte. Um 1900 war der Begriff »Militärstadt Jüterbog« in aller Munde. Waren schon seit der Mitte des vorigen Jahrhunderts Schulen und soziale Einrichtungen geschaffen worden, so kamen nun die Schiller-Schule und das Goethe-Gymnasium, die Sparkasse, das heutige Seniorenheim und eine moderne Kanalisation hinzu. Als letzter Großbau des Kaiserreichs in Jüterbog zählen die Fuchsberge-Kasernen.

Nach dem Ersten Weltkrieg verödeten große Militärflächen. 1920 erreichte die Stadt die Elektrifizierung und begann in großem Umfang mit Wohnungsbau. In nur fünf Jahren entstanden die Siedlungen Weinberge, Damm und Kapellenberg. Nach der Machtübernahme durch die Nationalsozialisten wurde im »Lindengarten« das erste Konzentrationslager des Fläming eingerichtet. Seit 1934 kam es zu einem weiteren Ausbau der Militärgebiete. Hier traf sich Adolf Hitler mit den Spitzen der deutschen Wehrmacht, um in einer Geheimbesprechung den Einmarsch in die Tschechoslowakei vorzubereiten. 1939 zog die Garnison in den Zweiten Weltkrieg. Dieser endete für Jüterbog am 20. April 1945 mit der kampflosen Einnahme der Stadt durch die Rote Armee. Lediglich das alte Postamt wurde gesprengt, das der Wehrmacht als Telefonzentrale diente. In den verlassenen Kasernen richteten die Sowjets eine ihrer größten Garnisonen ein.

Die Kreisverwaltung wurde nach Luckenwalde verlegt, kehrte aber 1952 nach Jüterbog zurück, als das Land Brandenburg aufgelöst und in Bezirke aufgeteilt wurde. Glücklicherweise machte die »sozialistische Umgestaltung« vor dem alten Stadtzentrum halt. Neue Siedlungen in Plattenbauweise entstanden außerhalb des Stadtkerns. Im Mai 1989 wird eine sowjetische Panzerdivision aus Jüterbog abgezogen. Eine erste Demonstration gegen das SED-Regime findet am 30. Oktober statt, am 5. November versammelt sich die Hälfte der Einwohner zu einer Protestkundgebung. Am 18. März 1990 gibt es, wie überall in der ehemaligen DDR, die ersten freien Wahlen. Jüterbog schließt Partnerschaft mit den Städten Waldbröl und Aßlar. Mit der Wiederherstellung der Einheit Deutschlands ergeben sich auch für Jüterbog neue Chancen. Das Stadtzentrum wird zunehmend gestaltet. Rathaus, Nikolaikirche, Stadtmauern, Tore und Türme werden restauriert, die ehemaligen Militärgebiete zunehmend zugänglich und nutzbar. Mehrere Gewerbegebiete sind ausgewiesen und haben ihre Investoren gefunden. So, wie Jüterbog in seiner mehr als achthundertjährigen Geschichte Stadtbrände, Kriegsfolgen und politische Umwälzungen erlebt und überdauert hat, wird es auch in Zukunft mit der Kraft seiner Bürger zu einem blühenden Gemeinwesen wachsen.

Die spätgotische Nikolaikirche grüßt schon von weitem mit ihrer markanten Silhouette

Fachwerkhaus am Markt mit Bäcker-Innungszeichen und Spruchweisheiten, 1810

Das Turmpaar von St. Nikolai mit gotischer Pyramide und barocker Türmerwohnung überragt die Altstadt

Als einer der ältesten Straßenzüge verbindet die Mittelstraße Rathaus und Nikolaikirche miteinander

*Blick vom Turm der Nikolaikirche auf die Altstadt,
in der oberen Bildmitte das ehemalige Stadthaus des Zinnaer Abtes,
heute Heimatmuseum*

Das Amtshaus, ein markanter Barockbau von 1699, heute Landratsamt, trägt das Wappen des Herzogs Johann Georg von Sachsen-Weißenfels

Rundblick über die nordwestliche Altstadt mit Zinnaer Tor und ehemaligem Franziskanerkloster

Die Türme des Dammtores am westlichen Stadtzugang, davor ehemalige Spitalhäuser

Das Sinnbild der sparsamen Flämingbäuerin schmückt den Bau der Kreissparkasse, 1914

Die Keule, Symbol der Halsgerichtsbarkeit, und der markige Spruch daneben bilden ein Wahrzeichen der Stadt

Das Zinnaer Tor ist mit seiner teilweisen romanischen Bausubstanz einmalig in Brandenburg

Spätgotischer Mauerturm an der Südwestecke der Stadt mit Resten der Stadtmauer, um 1300

Die Feldseite des Dammtores wurde besonders aufwendig gestaltet, um die städtische Macht zu demonstrieren

Der Spruch von 1810 ist wie das dazugehörige Haus unverändert erhalten geblieben

Rekonstruiertes barockes Fachwerkhaus in der Mönchenstraße

Idyllischer Winkel am Planeberg nördlich der Nikolaikirche

Die Taufkapelle der Nikolaikirche von 1447 mit originaler Ausmalung und dem berühmten Tetzelkasten

Spätgotischer Taufstein mit ergänztem Fuß in der Nikolaikirche

Inneres der Nikolaikirche nach Westen mit der Wagner-Orgel von 1728

Das spätgotische Rathaus am Markt.
Bis zum Umbau 1817 bestand jedes Geschoß aus nur einem großen Saal

Frühreformatorisches Fresko im Bürgermeisterzimmer,
1992 entdeckt und freigelegt

Standbild des hl. Mauritius am Rathaus.
Das Original von 1507 befindet sich heute im Heimatmuseum

Der Ostgiebel des Rathauses ist ein schönes Beispiel der Backsteingotik.
Die Bemalung der Fassade erfolgte 1937

Das reiche Gewölbe des Bürgermeisterzimmers von 1496 ruht auf einer Sandsteinsäule

Gerichtslaube am Rathaus, 1477,
mit aufgesetztem Sitzungssaal, 1493

Die Mönchenkirche, errichtet 1480 bis 1510,
diente den Franziskanern bis 1562 als Klosterkirche

Seit 1985 enthält die ehemalige Klosterkirche eine Bibliothek und wird als Konzert- und Theaterstätte genutzt

Das Zellengebäude von 1480 mit dem 1924 aufgesetzten Fachwerkgeschoß ist letzter Überrest des ehemaligen Zisterzienserinnen-Klosters

Der neogotische Wasserturm aus dem Jahre 1914
paßt gut zum alten Stadtbild

Die 1226 geweihte Klosterkirche in Kloster Zinna von Osten.
Das 1170 gegründete Zisterzienser-Kloster ist das älteste der Mark

Spätgotische Sakramentsnische in der Klosterkirche, um 1420.
Die Bemalung stammt aus dem Jahre 1897

Alte Abtei bzw. Siechenhaus, um 1320, und Neue Abtei, 1450/60. Heute befindet sich hier ein Heimatmuseum

Abtskapelle in der Neuen Abtei mit Fresken des hl. Mauritius und der hl. Anna selbdritt, um 1450/60

Wächterhaus vor dem Ehrenmal der preußischen Landwehrmänner, 1817

1817 entstand Karl Friedrich Schinkels Denkmal bei Niedergörsdorf für die Gefallenen der Schlacht bei Dennewitz vom 6. September 1813

Ein Kleinod in der Nähe Jüterbogs ist das Schloß Wiepersdorf, 1731–1738.
Hier lebten die Literaten Bettina und Achim von Arnim

Die um 1880 errichtete Orangerie diente dem Maler Achim von Arnim als Atelier, der auch den Park mit barocken Skulpturen gestaltete

Der Park von Wiepersdorf lädt zur Stille und Rückbesinnung ein

Sandsteinskulpturen schmücken die Wege im Park

Ein typisches Fläminggehöft in Borgisdorf

Borgisdorf mit seiner romanischen Feldsteinkirche

Blick vom Turm der Nikolaikirche auf die Weiten des Niederen Fläming

Jüterbog-Information

Markt 17
14913 Jüterbog
Tel.: (0 33 72) 27 71, 27 73, 27 74
Mo–Fr 10.00–16.00 Uhr
März bis Oktober außerdem
Sa, So 14.00–16.00 Uhr

Heimatmuseum Jüterbog

Planeberg 9
Tel.: (033 72) 95 31
Di–Do 14.00–17.00 Uhr
Sa, So 13.00–16.00 Uhr

ehemalige Franziskanerkirche

Mönchenkirchplatz 4
Stadt- und Kreisbibliothek
Tel.: (0 33 72) 25 10
Di–Fr 11.00–17.00 Uhr
Sa 14.00–16.00 Uhr

Theater- und Konzertstätte
Tel.: (0 33 72) 26 02

Nikolaikirche

(mit Turmbesteigung)
Nikolaikirchplatz 1
Tel.: (0 33 72) 28 91
Mo–Fr 8.00–16.00 Uhr
Sa 12.00–16.00 Uhr
So 13.00–17.00 Uhr

Liebfrauenkirche

Pfarrbüro
Ettmüllerstraße 2
Tel.: (0 33 72) 20 77
Sa, So 14.30–16.30 Uhr
(oder nach Anmeldung)

Jakobikirche

Anmeldung für Besichtigung im
Pfarramt Nikolaikirchplatz 1
Tel.: (0 33 72) 28 91

Katholische Kirche mit Tetzelkapelle

Große Straße 86
Tel.: (0 33 72) 23 71
täglich geöffnet

Heimatmuseum Kloster Zinna

14913 Kloster Zinna
Tel.: (0 33 72) 26 10
Mi–So 10.00–12.00 Uhr
13.00–17.00 Uhr

Klosterkirche Kloster Zinna

14913 Kloster Zinna
Tel.: (0 33 72) 21 76
täglich geöffnet

Künstlerhaus Schloß Wiepersdorf

14913 Wiepersdorf
Tel.: (03 37 46) 272
Besichtigung mit Führung
Sa, So 14.00, 15.00, 16.00 Uhr

Hotels

Hotel »Zum Goldenen Stern«

Markt 14
Tel.: (0 33 72) 24 76

Park-Hotel

Zinnaer Vorstadt 48
Tel.: (0 33 72) 27 76

Schloß-Hotel

Schloßstraße 87
Funktelefon: (01 61) 62 07 26

Hotel »Klostereck«

14913 Kloster Zinna
Klosterstraße 10
Tel.: (0 33 72) 29 64

DIE AUTOREN

BARBARA SCHNEIDER,

geboren in Berlin, Lehre als Fotolaborantin, Besuch der Fotoschule in Hamburg. Danach für Fotoateliers in Hamburg und Gütersloh tätig. Einjähriger Aufenthalt in den USA, Arbeit bei einer Design-Firma in Nashville, Tennessee. Seit 1989 Lehrauftrag an der Hochschule der Künste, Berlin. In der Reihe der Nicolai-Bildbände über die Berliner Bezirke erschienen von ihr Wilmersdorf, Steglitz, Zehlendorf, Reinickendorf und Tiergarten. In der Reihe Städte in Deutschland erschien von ihr 1991 der Band Neuruppin.

NORBERT JANNEK,

geboren 1965 in Luckenwalde. Ausbildung als Meß-Steuer-Regel-Techniker, engagierter Heimatforscher und Denkmalpfleger. Seit 1989 wissenschaftlicher Assistent im Heimatmuseum Jüterbog, seit 1993 dessen Leiter. Veröffentlichungen zur Regionalgeschichte.